MENINAS DO BARULHO

A história real
DAS IRMÃS FOX
de Hydesville

L. Palhano Jr..

Meninas do Barulho

A história real das irmãs Fox de Hydesville

2ª edição revisada e ampliada

LACHÂTRE
Jovem

Direitos de publicação cedidos pelo autor ao
INSTITUTO LACHÂTRE
Caixa Postal 164 – CEP 12914-970 – Bragança Paulista – SP
Telefone: 11 4063-5354
Página na internet: www.lachatre.org.br
E-mail: editora@lachatre.org.br

CAPA: CÉSAR FRANÇA DE OLIVEIRA

ILUSTRAÇÃO DA CAPA: RITA FOELKER

DIAGRAMAÇÃO DO MIOLO: FERNANDO LUIZ FABRIS

2ª edição revista e ampliada - 1ª reimpressão – Novembro de 2013
Do 5.001º ao 20.000º exemplar

Impresso na Gráfica Sermograf

Impresso no Brasil
Presita en Brazilo

CIP-Brasil. Catalogação na fonte
Sindicato Nacional dos Editores de Livros, RJ

P166t Palhano Júnior, Lamartine, 1946-2000.
Meninas do barulho: A história real das irmãs Fox de Hydesville / L. Palhano Jr. – Bragança Paulista, SP : Instituto Lachâtre, 2013, 2ª Edição.
96p.

1. Biografia 2. Literatura infantil e juvenil brasileira 3. Espiritismo. I.Título.

CDD 869.8B
133.9

CDU 869.0(81)
133.7

Gratidão

À família Fox, principalmente às irmãs Fox, que, em tempos perigosos e preconceituosos, venceram as barreiras sociais e religiosas para demonstrar, diante do povo e dos sábios, que os fenômenos espíritas eram verdadeiros.

Homenagem

A todos os que, pioneiros, foram corajosos e honestos em proclamar para o mundo, a céu aberto, a verdade sobre a comunicabilidade dos Espíritos.

As irmãs Fox: Margaret, Kate e Leah

Dedicatória

Aos jovens que, como as irmãs Fox, iniciaram suas tarefas medianímicas na juventude. E a todos os médiuns que têm buscado cultivar em seus corações os postulados espíritas.

Agradecimento especial

À dedicada equipe do CIPES, que tem dado todo o apoio, com suas preces e recursos medianímicos, tanto em benefício de minha saúde quanto em prol das pesquisas realizadas: Júlia Anália de Souza Oliveira, Waldemar João Vieira, Genny Machado Soares Vieira, Luana Poltroniéri de Souza, Rose Esteves, Diva Machado Cardoso e Maria da Glória Fernandes de Jesus.

Pensamento

Muito breve, e o tempo está próximo quando será demostrado que a alma humana pode viver desde esta existência terrestre em comunicação estreita e indissolúvel com as entidades imateriais do mundo dos espíritos; haverá fatos suficientes para provar que esse mundo atua indubitavelmente sobre o nosso e lhe comunica influências profundas das quais o homem atual não tem consciência, mas que no futuro reconhecerá. **(Immanuel Kant ,1724-1804)**

SUMÁRIO

APRESENTAÇÃO

Caro leitor,

Se quiser saber como duas jovens conseguiram conversar com um espírito, causando admiração em muitas pessoas, e como, por causa disso, surgiu uma verdadeira revolução nas conceituações religiosas, dando origem ao *Moderno Espiritualismo*[1], leia esta pequena narrativa com atenção.

Estudando este tema, irá desvendar, de uma vez por todas, os mistérios da imortalidade da alma humana e o seu verdadeiro destino. Iniciará o percurso do único caminho que leva ao conhecimento da realidade humana.

O sentido de sua vida mudará, quando ficar bem claro para você que não há morte, que você é um espírito imortal e que, do Mundo Espiritual, poderá comunicar-se com seus queridos que permaneceram na vida física e que todos que se amam permanecerão juntos, eternamente!

1 Os principais verbetes estão discriminados no Glossário, página 91.

No limiar da Nova Revelação[2]

Os séculos sucederam-se rápidos e os acontecimentos históricos, em todos os níveis, mostraram-se modificados na forma e na essência. Assim, também, a fé proclamada pelo evangelho, trazido pelo Sublime Pegureiro da Galileia, foi-se corroendo em seus alicerces de Verdade, diante dos variados interesses financeiros, políticos e religiosos das sociedades e da ignorância dos homens.

Eis que, num instante, diante de uma família simples, de vida rural, surge novamente a grita da ressurreição, quando um "morto", o mascate Charles Rosma, assassinado anos antes, fez reboar a sua presença no casebre humilde da família Fox, num lugarejo distante de qualquer rebuliço das grandes metrópoles - Hydesville.

Energias psíquicas, avassaladoras para os argumentos materialistas, emanaram das crianças Katharine e Margaret, para que fosse estabelecida no mundo uma nova ordem de ideias espiritualistas.

Os espíritos de homens considerados perdidos para sempre na frieza e na escuridão das lápides tumulares, atendendo à

2 Mensagem psicografada, obtida no Círculo de Pesquisa Espírita - Vitória/ES. na sessão do dia 19 de fevereiro de 1998 - quando os originais da segunda edição deste livro foram apresentados aos companheiros do grupo mediúnico.

ordem providencial do Espírito de Verdade, mostraram-se ressurrectos diante da sisudez do homem prepotente, incrédulo e orgulhoso do século das luzes, dizendo:

- *Estamos vivos! Não há o céu contemplativo, nem o inferno eternal da mitologia valorizada, há continuidade laboriosa e estuante na vida após a morte!*

Uma nova era despontou para o Espírito humano. As notícias do Moderno Espiritualismo correram o mundo. Na Europa, os magnetizadores mesmerianos já anteviam o magnetismo espiritual e os cientistas cépticos questionaram. Foram vencidos pela realidade dos fenômenos mediúnicos, pelas provas irrefutáveis da sobrevivência da alma e da possibilidade da comunicação com os espíritos.

Havia começado, na pequenina Hydesville, a era da mediunidade. Outros seguiram os passos das irmãs Fox, e, por todos os cantos, os espíritos apresentavam-se aos homens boquiabertos diante do inusitado, dando um susto espetacular na escola materialista que fabricava seus adeptos diante da falência das religiões oficializadas.

Os fenômenos espíritas invadiram a França, a antiga pátria dos druidas, dos gauleses, dos francos, dos revolucionários, dos sonhos napoleônicos. O insigne professor Rivail tomou conhecimento dos fatos:

- Há aqui uma nova lei. Por detrás dos fenômenos que sinalizam com ruídos e levitações, existem inteligências invisíveis - os espíritos.

A morte foi vencida, seus grilhões partidos, novas luzes, nova Revelação, a partir da simplicidade das mocinhas de Hydesville. Os espíritos esperavam apenas a ordem de Mais Alto para conclamar os homens à Verdade.

Pensaram alguns terem calado o Cristo e seus prepostos para sempre, como o quiseram fazer na Sua entrada triunfal na Jerusalém dos fariseus. Mas Ele, Jesus de Nazareth, profetizou[3]*:*

- Digo-vos que, se estes se calarem, as pedras clamarão![4]

Léon Denis

3 Lucas 19:40

4 Do grego liqoV, ou, o, h (litos): pedra, mármore, lápide sepulcral. Como no tempo de Jesus os mortos eram sepultados em sepulturas abertas nas pedras, a referência de Jesus seria absurda se entendêssemos que Ele estava se referindo às pedras literalmente. Mas, não, na verdade disse: - Se estes se calarem, os mortos (os que estariam nos túmulos, os espíritos) clamarão.

PREFÁCIO

Os fenômenos psíquicos que ocorreram em Hydesville deram início a uma série de investigações sobre a comunicabilidade dos espíritos. Houve então um favorecimento ao estudo da mediunidade, isto é, da faculdade humana de perceber e transmitir a influência dos espíritos de modo ostensivo.

A família Fox contribuiu de modo bastante claro para que os homens sérios e pesquisadores argutos e honestos se interessassem pelo estudo dos fenômenos que estavam, desde há muito, relegados ao ocultismo.

Para o mundo cristão, os fatos de Hydesville vieram como um clarão, despertando as consciências para uma nova era, a intelecto-moral, quando o que estava oculto surgiu de repente, mostrando-se de modo insofismável aos olhos do mundo. Desde então, o espiritualismo vem renovando-se dia a dia, pois às manifestações do fantasma Charles Bryan Rosma[5] seguiram-se tantas outras que, tanto a velha Europa quanto o Novo Mundo, viram-se envolvidos por um epidemia de comunicações mediúnicas - os que estavam considerados mortos apresentaram-se ressurrectos. Esses fatos foram previstos nas profecias de todos

5 Alguns autores anotaram Rosna, mas a maioria dos que historiaram as ocorrências citam Rosma.

os tempos, como esta, estraída da Bíblia:

"E há de ser que, depois, derramarei o meu espírito sobre toda a carne e vossos filhos e vossas filhas profetizarão, os vossos velhos terão sonhos, os vossos mancebos terão visões. E também sobre os servos e sobre as servas naqueles dias derramarei o meu espírito." (Livro de Joel 2:28-29)

Mais recentemente, pelo famoso profeta Nostradamus, há uma indicação destes novos tempos. Leia-se a quadra 74 da Centúria X:

> "Passado o ano do grande número sétimo,
> Aparecerá a ocasião dos eventos das hecatombes,
> Não longe da grande idade milésima
> Quando os mortos sairão de seus túmulos."

Isso equivale a dizer que entre a época de Nostradamus e o ano 2000, ocasiões de muitas destruições, tais como as guerras napoleônicas, I e II Guerras Mundiais, "os mortos sairão de seus túmulos", isto é, os espíritos daqueles considerados mortos voltaria a estar em nosso meio. Não foi o que fez o espírito Charles Bryan Rosma? As manifestações desse espírito marcaram uma nova era para o espiritualismo; com os fenômenos de Hydesville deu-se o início do Moderno Espiritualismo.

Este livro que você vai ler, caro leitor, tem a pretensão de resgatar, em separado, aqueles fatos que modificaram os conceitos espiritualistas para uma visão mais real dos destinos da alma humana, num atestado de imortalidade.

L. Palhano Jr.

A CABANA DOS FOX

A ilustração abaixo é de um artista norte-americano anônimo. Trata-se da cabana da família Fox, tal como era em 1848, quando aconteceram os misteriosos eventos que culminaram com o advento do Moderno Espiritualismo. Era uma casa pequena, simples, de madeira, cujo terreno era protegido por uma cerca de rancho. À esquerda da gravura, no céu, o artista desenhou um grupo de espíritos que se aproximam para as memoráveis manifestações.

A cabana Fox, Condado de Monroe, Hydesville, Rochester, Nova York, 31 de Março de 1848

O FANTASMA DE HYDESVILLE

Pelos idos de 1846, num lugarejo chamado Hydesville, próximo à cidade de Rochester, no condado de Monroe[6], Estado de Nova York (EUA), um senhor chamado Michel Weakmann ouviu estranhos ruídos do lado de fora de sua casa. Procurou saber o que se passava, investigou e não encontrou a causa das perturbações sonoras. Como os ruídos continuassem a acontecer de modo insistente, muito incomodado, Weakmann mudou-se de Hydesville para um outro lugar.

Em dezembro de 1847, a família Fox[7], composta do senhor John Fox, da senhora Margaret Fox, sua esposa, e das três filhas Margaret, Katharine e Leah, mudou-se para a mesma casa onde Weakmann havia morado. Hydesville era um vilarejo típico do Estado de New York, com uma pequena população, porém muito amável e hospitaleira. Estava situada a cerca de 25 km do distrito de Rochester e consistia em um grupo de casas

---

6 Embora todos os autores e biógrafos digam que o condado era o de Weine, nossas pesquisas mostraram que Rochester era e é no condado de Monroe (Victor & Palhano Jr.)

7 Fox = *Voss*, família de emigrantes alemães.

de madeira, de aspecto bastante humilde. Uma dessas casas foi alugada pelo fazendeiro John Fox e sua família.

Os Fox foram morar ali no dia 11 de dezembro de 1847. Era uma família pobre e foi residir numa casa de madeira, simples, mas bem feita. Mas, algo havia de estranho com aquela casa, pois todos os vizinhos a consideravam muito esquisita. Diziam que era mal assombrada, que muitos fantasmas moravam lá.

Nas primeiras noites que passaram nela, os Fox ouviram estranhos ruídos. Eram barulhos de arranhaduras na madeira, mas não deram muita atenção. Só no ano seguinte é que os ruídos foram mais perturbadores, provocando maior atenção dos moradores da casa.

Em março de 1848, à noite, aconteceu a primeira grande perturbação, quando barulhos intensos surgiram de repente[8], já tarde da noite. Todos se levantaram. Uma vela foi acesa e procuraram a causa dos barulhos[9] que aconteciam por toda a casa. Eram pancadas forte e rápidas na madeira das portas e das paredes. Ou então, arranhaduras. O barulho continuava e era ouvido, por vezes quase no mesmo lugar. Não era muito alto, mas produzia um certo movimento nas camas e cadeiras, como se elas tremessem.

O barulho continuou, até que todos, cansados, foram dormir, menos Margaret, que não conseguiu conciliar o sono até quase meia-noite. Os ruídos eram ouvidos por toda a casa. John, em certo momento, ficou fora da casa, do lado da porta, enquanto a a esposa permaneceu do lado de dentro. Mas as batidas vieram da madeira da porta que estava entre eles!

Ouviram passos na copa e depois, foi como se uma pessoa estivesse descendo a escada. Desse modo eles não podiam repousar. Cansada, Margaret concluiu e alertou o marido:

- Esta casa está assombrada por um espírito infeliz e sem repouso. Já ouvi falar de casos assim.

---

8 Batidas produzidas por um espírito batedor (em alemão *poltergeist*).

9 *"Rap":* pronuncia-se *rép;* piparote, pancada rápida, batida na porta ou o respectivo som, bater forte e rapidamente, dar um golpe com uma pancada seca.

CONVERSANDO COM O FANTASMA

Numa noite de sexta-feira, 31 de março de 1848, os Fox resolveram dormir um pouco mais cedo, não se deixando perturbar pelos barulhos. Queriam repousar. Margaret se sentia tão cansada, que parecia estar doente. John não tinha ido se deitar, ainda, quando aconteceu o primeiro ruído e depois outro... e mais outro! Margaret levantou-se e disse:

- Nunca ouvi ruídos como esses, não parecem com qualquer um que eu já tenha escutado.

As meninas, que dormiam em outra cama no quarto, ouviram as batidas também. Katharine (Kate) estava com 11 anos de idade, Margaret (que herdou o nome da mãe) com 14, sendo que Leah, a mais velha, já estava casada e não morava mais com os pais. As duas mocinhas, corajosamente, procuraram imitar os ruídos fazendo barulhos semelhantes com os dedos. Kate, a caçula, disse, batendo palmas:

- Sr. "Pé-Rachado"[10], faça o que eu faço.

Imediatamente seguiram-se batidas em número igual ao de palmadas dadas por Kate[11]. Quando ela parou, os barulhos pa-

10 Pé-Rachado: apelido do "capeta", pois o vulgo acredita que tenha pernas e pés de bode.
11 Fenômeno de tiptologia.

raram também. Então Margaret disse, brincando:

- Agora faça exatamente como eu. Conte um, dois, três, quatro. - E bateu palmas.

Foram ouvidos quatro ruídos. Margaret então teve um pouco de receio em continuar, pois percebeu que havia "alguém" por trás daqueles barulhos e era alguém invisível. Kate, então, na sua simplicidade de criança, disse bem alto:

- Oh! Mamãe! Eu já sei o que é. Amanhã é primeiro de abril e alguém quer nos pregar uma mentira.

A senhora Fox pensou, pensou, e resolveu fazer um teste. Teria que ser um teste ao qual nenhum estranho soubesse responder. Disse, com uma voz clara e forte:

- Diga-me, ó ser invisível, as idades de meus filhos na ordem de nascimento deles.

As batidas recomeçaram, dando a idade exata de cada uma das crianças, fazendo uma pausa de um para o outro, a fim de os separar, até o sétimo. Depois houve uma pausa maior e ouviu-se três batidas mais fortes, correspondendo à idade do menor, que havia falecido. Muito admirada, a mãe perguntou ao ser invisível e inteligente:

- És, por acaso, um ser humano que me responde tão corretamente?

Não houve resposta. O silêncio foi total. Margaret, a mãe, mais uma vez perguntou:

- Você é um espírito? Se for, dê duas batidas.

As batidas foram ouvidas, mostrando que estava ali presente uma entidade espiritual que tentava comunicar-se com aquelas pessoas. A Sra. Fox, aproveitando a oportunidade, continuou a perguntar:

- Se for o espírito de alguém que foi assassinado, dê duas batidas.

Ouviram-se, nitidamente, as duas batidas.

- Foi assassinado nesta casa?

Outras duas batidas aconteceram.

- A pessoa que o assassinou ainda vive?

Foram dadas duas batidas, confirmando.

PRIMEIRAS SESSÕES ESPÍRITAS PÚBLICAS[12]

Conversando desse modo com o espírito[13], a senhora Fox conseguiu saber que ele havia vivido na Terra, fora assassinado naquela casa e seu corpo havia sido enterrado na adega. Sua família era constituída de esposa e cinco filhos, dois rapazes e três meninas. Todos eram vivos ao tempo de seu assassinato, mas a sua esposa já havia falecido também. Margaret teve outra ideia e perguntou:

- Continuará a bater, se eu chamar os vizinhos para que também escutem?

O espírito respondeu que sim, dando duas pancadas. John Fox foi chamar a senhora Redfield, a vizinha mais próxima. Uma senhora muito educada. Quando chegaram, as meninas estavam sentadas na cama e a mãe aparentava calma. Ela sabia o que estava acontecendo e fez outras perguntas na presença da senhora Redfield, às quais o espírito batedor respondeu sem

12 As ocorrências foram documentadas nas monografias *Explanation and history of the mysterious communion with spirits in western New York* (New York, Foxler and Wels, 1850) e *Modern spiritualism, its facts and fanatism* (Boston, 1855), conforme citação de Charles Richet.

13 Como já foi dito, esse modo de comunicação mediúnica foi denominado mais tarde de *tiptologia;* e o espírito que produz o fenômeno, *tiptor.*

hesitação, inclusive revelando a idade exata de madame Redfield. Esta não se fez de rogada, saiu e foi chamar outros vizinhos, para testemunharem, aqueles fatos tão interessantes.

Vieram logo o senhor Duesler e a esposa. Quando chegaram já havia umas doze pessoas presentes. Algumas estavam assustadas e não queriam entrar no quarto. Duesler entrou e sentou-se na cama. O senhor Fox fez uma pergunta e logo foram ouvidas as tais batidas e um ligeiro tremor na cama.

Outras pessoas foram chegando. Compareceram também os casais Hyde e Jewel. Começou, então, naquela casinha, uma conversa muito interessante entre pessoas e um fantasma, na primeira sessão "espírita" pública.

Após muitas perguntas, Duesler conseguiu saber que o espírito era de um homem que havia sido assassinado no quarto leste, há uns cinco anos, que tudo aconteceu à meia-noite de uma terça-feira e que o assassino era um tal de Bell. Este usou uma faca de açougueiro e cortou-lhe a garganta; depois levou o seu corpo para a adega, enterrando-o no dia seguinte. Para fazer isso, o assassino passou com o corpo pela despensa, desceu a escada e o enterrou dois metros abaixo do solo. O espírito confirmou que Bell o havia matado para roubar-lhe o dinheiro. Estava com quinhentos dólares e havia pedido pousada naquela casa, pois, como mascate, viajava muito.

Muitas foram as pessoas que vieram participar daquela sessão. Fizeram perguntas ao fantasma e alguém se lembrou de perguntar o seu nome. Por um certo número de batidas convencionadas, significando cada uma das letras do alfabeto, o espírito respondeu:

- Eu sou Charles Bryan Rosma!

Esses fenômenos foram acontecendo espontaneamente e desenvolveram-se num tempo muito breve. Diversas pessoas puderam verificar: os ruídos indicavam que eram produzidos por uma inteligência que conhecia fatos tidos como segredos, até aquele momento, eram tidos como segredos.

À PROCURA DE UM CORPO

Algumas pessoas permaneciam na casa, talvez querendo entender o que se passava realmente. Margaret Fox e as meninas saíram e o John ficou lá durante a noite toda, em companhia do senhor Redfield, o vizinho. O Sol já ia alto, quando começou a chegar mais gente e a casa ficou superlotada. Durante o dia, porém, os sons não foram ouvidos. Ao anoitecer eles voltaram, quando, então, mais de trezentas pessoas estavam presentes.

Naquela noite de sábado, 1º de abril, alguns vizinhos começaram a cavar na adega. Cavaram até achar água e pararam. Não encontraram restos mortais, nenhuma caveira ou, sequer, ossos humanos. Os sons não voltaram a acontecer, na tarde ou na noite de domingo. Outros filhos do casal Fox, Stephen e sua esposa, David e sua esposa, e Marie, que haviam chegado naquele domingo, dormiram naquele quarto assombrado.

No dia 11 de abril, John Fox deu um depoimento:

- Centenas de pessoas visitaram a casa, de modo que nos era

impossível atender às nossas ocupações diárias. Espero que quer causados por meios naturais, quer sobrenaturais, em breve seja esclarecida a questão. A escavação na adega será continuada, assim que as águas secarem, então serão constatados os vestígios de um cadáver ali enterrado. Se os houver, não terei dúvidas de que a origem é sobrenatural.

No início do verão daquele ano, David Fox, auxiliado por Henry Bush, Lyman Granger e outros de Rochester, retomou escavação da adega. A uma profundidade de metro e meio encontraram uma tábua. Cavando mais, acharam carvão e cal. E finalmente, cabelos e ossos, que um médico declarou pertencerem a um esqueleto humano.

Entretanto, só cinquenta e seis anos mais tarde, foi feita uma descoberta que provou, acima de qualquer suspeita, que alguém realmente havia sido enterrado na adega da casa dos Fox. Tal descoberta foi feita por meninos de escola, que brincavam na adega da casa de Hydesville, conhecida como "a Casa Assombrada".

William Hyde, respeitável cidadão de Clyde e dono daquela casa, fez investigações e encontrou um esqueleto humano quase completo entre a terra e os escombros das paredes da adega, sem dúvida pertencente ao mascate Charles Rosma, que havia sido assassinado no quarto leste da casa, cujo corpo havia sido ali enterrado. Hyde avisou aos parentes dos Fox e a notícia foi enviada à Ordem Nacional dos Espíritas.

O mais importante, entretanto, foi a descoberta de uma lata de mascate, bem como foram os ossos. A lata foi mandada para Lily Dale, a sede central regional dos Espíritas Americanos, para onde foi transportada também a velha casa de Hydesville.

Charles B. Rosma

Essas descobertas resolveram a questão de uma vez por todas e provaram, de modo conclusivo, que houve um crime cometido na casa, e que esse crime foi indicado por meios psíquicos. O próprio fantasma, isto é, o espírito Charles Rosma, pelos recursos da mediunidade de efeitos físicos das irmãs Fox, contou o que havia acontecido com ele, sua morte por assassinato e o fim que foi dado ao seu corpo.

Finalmente, ficou concluído que, primeiramente, o corpo foi enterrado com cal virgem no meio do piso da adega, mas o assassino ficou alarmado, pois o local estava muito exposto às suspeitas. Desenterrou o corpo ou parte dele e o enterrou novamente sob a parede, onde ficaria mais fora das vistas. O trabalho foi feito com pouca luz e às pressas, pois alguns restos mortais foram deixados na cova original.

O assassino, o senhor Bell, ficou realmente assustado, porque havia uma pessoa que conhecia o mascate, Lucretia Pulver, que serviu como empregada ao casal Bell, quando ocupavam a casa alugada pelos Fox até quatro meses antes. Ela contou, em depoimento, que o mascate Rosma veio para a casa e ali passou a noite com suas mercadorias. Seus patrões lhe disseram que, naquela noite, ela podia ir para a sua casa mais cedo. Parece que havia, por parte dos Bell, a premeditação do crime. Para melhor compreensão dos fatos, eis o depoimento de Lucretia Pulver:

- "Eu queria comprar apenas algumas coisas do mascate, mas não tinha dinheiro comigo; ele disse que me procuraria em minha casa na manhã seguinte e me venderia. Nunca mais o vi. Cerca de três dias depois, os Bell me procuraram para voltar ao trabalho. Voltei... Eu diria que esse mascate de que falei deveria ter uns trinta anos. Ouvi-o conversando com a senhora Bell acerca de sua família. A senhora Bell me disse que ele era um velho conhecido e que o tinha visto muitas vezes antes disso.

"Uma noite, cerca de uma semana depois, a senhora Bell mandou-me à adega fechar a porta externa. Atravessando-a, caí perto do meio da adega e dei um pequeno grito, mais de susto. Pareceu-me desnivelada e cavada naquela parte. Quando subi, a senhora Bell me perguntou porque havia gritado e eu então expliquei o ocorrido. Riu-se do meu susto e disse que, com certeza os ratos haviam ali escavado o chão.

"Poucos dias depois o senhor Bell carregou muitos entulhos para a adega, exatamente à noite. E lá esteve trabalhando, por algum tempo. A senhora Bell explicou-me que ele estava fechando os buracos dos ratos.

"Alguns dias se passaram e foi quando a senhora Bell me deu um dedal, que disse ter comprado do mascate. Cerca de três meses depois eu a visitei e ela me disse que o mascate havia voltado e me mostrou outro dedal, dizendo que também o havia comprado dele. Mostrou-me outras coisas que disse ter comprado também dele."

Como teria sido Rosma quando vivo? Houve uma declaração feita por uma senhora de nome Lape, de que, em 1847, teria visto uma aparição naquela casa. O fantasma era de um homem de estatura mediana, aparentando uns trinta anos, usava calças pardas, casaco e barrete pretos. Isso tudo foi confirmado por Lucretia Pulver, que também afirmou em seu depoimento que o mascate usava casaco preto e calças mais claras.

“Uma mesa indiscreta”:
- Como esta mesa pode dizer que eu tenho quarenta-e-oito anos!... ah! que horror! ..... ah! meus nervos! ..... meus nervos! A gravura é parte de uma série criada por Honoré Daumier (1808-1879) chamada “La fluidomanie” para publicação no jornal satírico *Le charivari*, em Paris, em torno de 1850.

CONSEQUÊNCIAS ESPÍRITAS

O importante disso tudo é que houve notoriamente a comunicação de uma entidade espiritual com as pessoas e as questões fantasmagóricas começaram a ser definidas. Os "fantasmas" são, na verdade, espíritos que desejam se comunicar e que se manifestam como e quando podem. As pesquisas sobre o tema continuaram por todos os Estados Unidos e depois pela Europa.

As conclusões foram óbvias:

1 - No fenômeno da morte apenas o corpo morre, o espírito sobrevive e mantém a sua individualidade e características;

2 - A imortalidade é um fato;

3 - Os espíritos podem se comunicar com as pessoas graças a uma energia que emana de indivíduos capazes de entrar nalgum tipo de transe - os médiuns;

4 - A mediunidade é uma faculdade inerente ao homem e apresenta muitas variedades e recursos;

5 - Não há céu ou inferno, cada espírito permanece vinculado ao sistema vibratório de vida, de acordo com seu mundo íntimo;

6 - Os espíritos podem comunicar-se, produzindo efeitos inteligentes por meio de fenômenos de ordem física (ruídos, sinais, levitações, aparições) ou de ordem fisiológica, sensorial (visão, audição, olfato, tato etc.) ou motora (escrevendo ou falando).

Tudo pode ser comprovado e deduzido das pesquisas da mediunidade, que estão além das pesquisas ditas metapsíquicas ou parapsicológicas. Estas abordaram, e ainda tentam abordar, a definição e caracterização de certos fenômenos anímicos, isto é, produzidos pela mente humana de modo consciente ou inconsciente, descartando a possibilidade da intervenção de espíritos, notadamente buscando uma resposta materialista para causas e efeitos espirituais.

A família Fox, em agosto de 1848, deixou Hydesville e foi residir em Rochester.

Leah Fish, a filha mais velha, participou também das manifestações espíritas. Na presença das irmãs Fox, as pancadas continuavam, sendo testemunhadas por várias centenas de curiosos. A pouco e pouco, estabeleceu-se uma espécie de código de sinais reproduzíveis que servia de meio de comunicação, quando as respostas dos espíritos tornaram-se mais detalhadas. Convencionou-se um alfabeto em que cada letra correspondia a um determinado número de batidas: o A seria uma batida, o B duas, o C três, e assim por diante.

As meninas Fox viajaram algumas vezes e, nas casas onde se hospedavam, os fenômenos se repetiam. Combinavam-se novas sessões, quando novos e interessantes fenômenos ocorriam, para surpresa geral. Notou-se que elas possuíam uma faculdade especial e, pouco depois, foi observado que também outras pessoas possuíam faculdades semelhantes: ao simples contato das mãos dos médiuns, uma mesa girava, tornava-se leve, erguia-se em um de seus lados e, deixando-se cair, dava uma pancada no chão com um dos seus pés. Essas pancadas convencionadas respondiam as perguntas. Começou a época das *mesas girantes,* quando as sessões com essas mesas tornaram-se comuns em todo o mundo ocidental.[14]

Isaac Post confeccionou um alfabeto com o qual seria possível a conversação com as inteligências desconhecidas, depois reconhecidas como sendo os espíritos. A fim de que os fenômenos fossem controlados de modo que não houvesse fraudes e que os fatos ocorridos na presença das irmãs Fox pudessem ser avaliados devidamente, foram realizadas diversas sessões que atraíam um número cada vez maior de pessoas. Muitas dessas sessões foram tumultuadas e, outras, realizadas de modo entusiasmado.

O primeiro inquérito sério e com objetivos bem delineados data de 1852, realizado na cidade de Saint-Louis (Missouri). Os resultados foram favoráveis à veracidade dos fenômenos e chegaram a convencer os observadores. Essas sessões eram pagas, visto que não havia nenhuma conotação moral envolvida com as ocorrências medianímicas. As sessões eram públicas e, como na apresentação de uma peça teatral, em cada lugar se estipulava um preço, dependendo da importância que o público lhe dava.

Foram as *mesas girantes* e depois *falantes*, que chamaram a atenção do professor Hippolyte Léon Denizard Rivail (Allan Kardec) para os fenômenos espíritas. Depois das mesas, começaram a usar um tipo de escrita feito com um lápis preso a uma *cestinha de vime* ou a uma *prancheta de três pontas sobre rodinhas*, até, finalmente, entendeu-se que esses recursos eram apenas apêndices das mãos dos médiuns e que bastava que o médium segurasse o lápis para escrever sob a impulsão do pensamento de um espírito - a *psicografia*.

O barraco onde morou a família Fox envelheceu e desmoronou em parte, esquecido de todos, visto que surgiram fenômenos muito mais expressivos, formas de identificação de espíritos muito mais convincentes, que levaram os estudiosos à certeza da continuação da vida após a morte e à possibilidade da comunicação dos espíritos.

Em 1916, Benjamin F. Bartlett adquiriu os restos do velho barracão, reconstruindo-o na cidade de Lily Dale, N.Y., no Lily

14 Zeus Wantuil - As mesas girantes e o Espiritismo.

Dale Spiritualist Camp N.Y..

Os restos mortais e o baú do mascate se acham igualmente em Lily Dale, em um museu, registrando a triste história do mascate Rosma e lembrando as conversações espíritas que marcaram o início do **Espiritualismo Moderno**

A MEDIUNIDADE

As ideias espíritas receberam um impulso que assustou a escola materialista. Dos Estados Unidos, espalharam-se as práticas mediúnicas para a Europa, principalmente a utilização das chamadas "mesas girantes" para a captação das mensagens espirituais. Em três anos, essas práticas com as "mesas girantes" e outros fenômenos espíritas progrediram de modo inesperado.

Em 1780, o *mesmerismo* ou *magnetismo animal* havia se desenvolvido extraordinariamente e, já em 1850, o magnetismo mesmeriano estava sendo substituído pelo *magnetismo espiritual,* pois que os magnetizadores estavam observando presenças e manifestações espirituais nos pacientes magnetizados. Foi nesse clima que os magnetizadores, pensando que as "mesas girantes" estavam sendo objetos alvos de induções magnéticas, foram obrigados, pela evidência, de reconhecerem a intervenção de espíritos nos fenômenos.

Por essa época, de 1850, já estava provado que os fenômenos de tiptologia e de telecinesia (movimentação de objetos à distância, sem contato do médium) podiam ser obtidos com outros médiuns e não só com as irmãs Fox. Justamente aí está a grande descoberta proporcionada pelas irmãs Fox, visto que, inicialmente, aqueles *raps,* ou pancadas, indicando as letras do alfabeto, aconteciam mais frequentemente na presença das irmãs Fox, principalmente por intermédio da mais jovem: Kate Fox. Como ficou também evidente que eram os espíritos que provocavam os fenômenos, a **mediunidade** estava caracterizada.

Em pouco tempo foram descobertas a **mediunidade** e um recurso para a comunicação com os espíritos, a **telegrafia espiritual,** feita com a produção dos *raps.*

Por recomendação dos próprios espíritos, círculos de pesquisa foram organizados para o estudo da mediunidade e observação dos fenômenos. Entre os espíritos que se apresentaram para produzir os fenômenos estava o famoso cientista, já falecido, Benjamin Franklin, que deu instruções para explicar os fenômenos e indicou diversas maneiras de aperfeiçoar e desenvolver os recursos de comunicação entre os vivos e os mortos.

As práticas espíritas alastraram-se pelos salões da América e da Europa.

As perseguições, principalmente na América, começaram, assim que as diversas religiões e seitas se viram ameaçadas em seus dogmas, principalmente a igreja católica. Mas de nada valeram as invasões dos locais de reunião, onde ocorriam as sessões, nem os exorcismos, nem água-benta, nem ladainhas, nada, os espíritos continuaram a manifestar-se.

A família Fox, que havia se retirado para Rochester, porque não havia cedido à ordem dos religiosos de abandonarem aquelas práticas, foi expulsa de sua igreja, a Episcopal Metodista. A esse tempo, os Fox já sabiam que tinham a missão específica de escandalizar os materialistas, mesmo os materialistas religiosos.

Experiências com as "mesas girantes", na Alemanha, em 1853. Gravura reproduzindo uma das famosas sessões com a "mesa girante" em meados do século XIX.

Diante da grita popular fanática, os Fox se propuseram a realizar uma prova pública diante do povo de Rochester. A sessão foi no Corinthian Hall. As pessoas vaiaram e assobiaram de modo anárquico, mas contra todas as expectativas, a comissão investigadora concluiu pela veracidade dos fenômenos. Não satisfeitos, os cidadãos de Rochester formaram uma segunda comissão, mais rigorosa, que revistou as irmãs Fox, despidas por vigilantes femininas. Resultado, o relatório final foi mais favorável ainda que o primeiro.

O povo, instigado pelos responsáveis e fanatizadores religiosos, exigiu uma terceira comissão, desta vez composta pelos mais incrédulos e escarnecedores que encontraram. Os métodos de investigação foram ainda muito mais ultrajantes para as jovens médiuns. A comissão, contudo, foi humilhada, teve que reconhecer que os fenômenos eram autênticos.

Sem querer aceitar aqueles resultados, os populares pediam o linchamento das meninas e da comissão, havia um histerismo coletivo, até mesmo uma quota fortíssima de ódio, os das trevas não podiam suportar que em breve tempo suas mentiras religiosas, seus dogmas, seus desmandos, estariam desmascarados. Mas, um tal George Willets, devido ao caráter pacífico de sua religião, postou-se diante da multidão, no alto do palco do Corinthian Hall, e chamou a multidão às falas:

- A quadrilha de malfeitores que quer linchar as meninas só o conseguirão passando por cima do meu cadáver.

Sua autoridade moral prevaleceu, pouco faltou para que o espiritismo iniciante tivesse os seus primeiros mártires, nas palavras de Paul Gibier. Mas, esses acontecimentos foram suficientes para chamar a atenção de homens sérios e estudiosos para os fenômenos espíritas.

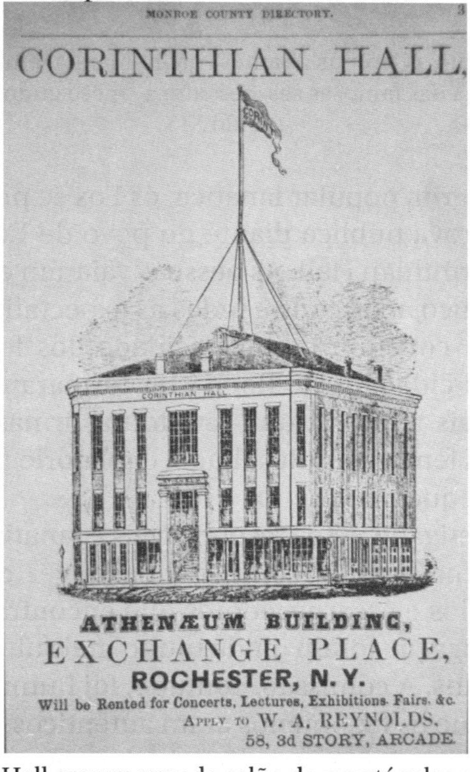

O Corinthian Hall era um grande salão de espetáculos situado em Rochester, no condado de Monroe.

O DESTINO DAS IRMÃS FOX

A senhora Fox e suas três filhas começaram a realizar sessões públicas em Nova York na primavera de 1850, no Hotel Barnum, atraindo muitos curiosos. A imprensa as denunciaram, apenas um jornalista, Horace Greeley, foi exceção, quando escreveu um artigo favorável.

A família voltou a Rochester e fez uma turnê pelo oeste dos Estados Unidos, voltando posteriormente a Nova York, quando outra vez despertaram interesse do público pelo assunto. Elas haviam recebido instruções espirituais para a que propagassem a realidade da comunicabilidade dos espíritos pelo mundo. A esse tempo sabiam que tinham uma missão muito especial. Elas eram porta-vozes do nascimento de uma nova era.

O assunto era considerado de tanto interesse que homens de renome e respeitados por todos presenciaram as sessões de 1850, em Nova York, e deram um laudo favorável:

"As maneiras e as condutas das irmãs Fox são tais que criam uma predisposição em seu favor".

Horace Greeley-Baker (1811-1872) , editor do jornal New York Tribune, abolicionista, fundador do Partido Republicano Liberal, pronunciou-se em artigo a favor das irmãs Fox.

Esses homens eram: Rev. Dr. Griswold, o novelista James Fenimore Cooper (autor de *O último dos moicanos*), o historiador Bancroft, o Rev. Dr. Hawks, o Dr. J.W. Francis, o Dr. Marcy, o poeta quaker Willis, o poeta Bryan, o redator do *Evening Post* Bigelow e o General Lyman. Todos ficaram satisfeitos com os resultados obtidos nas sessões com as irmãs médiuns.

James Fenimore Cooper (17889-1851) , escritor estadunidense popular no século XIX, nos Estados Unidos, escreveu O último dos moicanos, O corsário vermelho e Os pioneiros, entre outros.

Durante muitos anos as irmãs Fox, principalmente as duas mais novas, fizeram sessões em Nova York e em diversos outros lugares, sempre conseguindo obter fenômenos comprobatórios do que diziam ser comunicações dos espíritos. Mas ainda não havia uma ideia da grandeza religiosa que estava por trás dos fenômenos, visto que elas não tinham nenhuma orientação a respeito. Por isso, as conversações com os espíritos eram pueris e relativas às coisas materiais. E as irmãs caíram nas mãos daqueles que almejavam apenas vantagens materiais a partir dos espetáculos com a mediunidade.

Margaret Fox-Kane. "O investigador exclamou: 'Isto é a coisa mais maravilhosa que há, Mrs. Kane. Eu percebo distintamente as batidas em seu pé. Não há o menor movimento do pé, mas há uma pulsação invulgar." **Inquérito Seybert**

Mas o tempo foi passando e Margaret Fox casou-se com Elisha Kane, que era puritano e o seu único objetivo era salvar a alma de Margaret, fazendo-a abjurar de todo aquele esforço de empregar a sua mediunidade a favor da novidade espiritualista que chegava à Terra. Ele estava convencido que a jovem estava envolvida em fraudes e culpou Leah, a irmã mais velha. Elisha Kane era o famoso explorador do Oceano Ártico e numa de suas viagens faleceu. Mas deixou Margaret sob os cuidados de uma tia sua para que fosse educada. Viúva, sob forte pressão religiosa, em 1857, abjurou os fenômenos por algum tempo e converteu-se ao catolicismo.

Leah casou-se com um homem rico, o senhor Undherhill, um banqueiro de seguros, o que não justificaria que fizesse sessões públicas para angariar dinheiro. Mas, ainda em 1871, as irmãs Fox eram encontradas realizando sessões plenas de êxito medianímico. Só depois de quarenta anos de trabalhos profícuos é que começaram os anos de adversidades nas vidas das irmãs Fox. Isso foi ruim, para os espíritas. Contudo, os fenômenos já estavam muito bem comprovados, para que pudessem ser desmentidoos.

Leah Undherhill. "De Leah pode dizer-se que realmente reconheceu a significação religiosa do movimento muito mais claramente do que as suas irmãs e que se opôs ao seu emprego com objetivos puramente materiais, por ser uma degradação do que era divino." **Arthur C. Doyle**

Em 1871, o Charles F. Livemore, banqueiro de Nova York, favoreceu a viagem de Kate Fox à Inglaterra. Ele estava grato, pois recebera muitos favores e esclarecimentos pela mediunidade de Kate. Ele a proveu em todas as suas necessidades, evitando que tivesse que realizar sessões remuneradas. Providenciou que Kate Fox tivesse uma companhia feminina de sua confiança e respeito. Escreveu para Benjamin Coleman:

"Vista de um ponto de vista geral, a senhora Fox é, sem dúvida, o mais maravilhoso médium vivo. Seu caráter é irrepreensível e puro. Recebi, através de seus poderes mediúnicos, durante os últimos dez anos, tanta coisa consoladora, instrutiva e fulminante, que me sinto muitíssimo obrigado e desejo cercá-la de todos os cuidados enquanto ausente de casa e dos amigos."

Kate Fox-Jencken. "Mrs. Kate Fox é, sem a menor dúvida, o mais maravilhoso médium vivo. Seu caráter é irrepreensível e puro. Recebi, através de seus poderes mediúnicos, durante os últimos dez anos, tanta coisa consoladora, instrutiva e fulminante, que me sinto muitíssimo obrigado e desejo cercá-la de todos os cuidados enquanto ausente de casa e dos amigos." **Charles F. Livemore**.

A visita de Kate Fox à Inglaterra deu-se em novembro de 1871, quando realizou sessões com diversos observadores de renome, inclusive Sir William Crookes e em conjunto com o grande médium Daniel Dunglas Home.

No dia 14 de dezembro de 1872, Kate Fox casou-se com o H. D. Jencken, advogado londrino, autor de um compêndio sobre Direito Romano Moderno e um dos primeiros espíritas da Inglaterra. Kate passou a ser chamada de Mrs. Kate Fox-Jencken.

William Crookes fez diversos experimentos com Kate, e há um relato seu bastante impressionante:

"Eu segurava ambas as mãos da médium numa das minhas, enquanto seus pés estavam sobre os meus. Havia papel sobre a mesa em nossa frente e eu tinha um lápis na mão livre. Uma mão luminosa desceu do alto da sala e, depois de oscilar perto de mim durante alguns segundos, tomou o lápis de minha mão e escreveu rapidamente numa folha de papel, largou o lápis e ergueu-se sobre nossas cabeças, dissolvendo-se gradativamente na escuridão."

Esse fenômeno repetiu-se muitas outras vezes em diversas ocasiões, associados a outras variedades fenomênicas. Kate Fox-Jencken tinha a propriedade de produzir massas de ectoplasma luminoso. Os fenômenos de transporte foram testemunhados por muitos. As 'batidas' eram uma constante e bem comuns na presença da médium.

Em 1876, Margaret reuniu-se a Kate na Inglaterra e depois disso houve uma séria discussão em família, pois Leah soube que as irmãs estavam com tendências ao alcoolismo. Houve sugestão dos amigos espíritas para que Kate ficasse separada dos seus dois filhos e isso a irritou profundamente. Pensando que iriam ferir Leah, elas abjuram os fenômenos. Juntou-se ao alcoolismo, a raiva e o fanatismo religioso, e as sombras sobrevieram sobre as Fox. Os espíritos as haviam avisado: "Quando as sombras caírem sobre você, pense no lado mais luminoso."

Essa parte obscura da vida das irmãs Fox assume um caráter muito particular de uma briga familiar com repercussão na vida pública, mas diante dos testemunhos verdadeiros e comprobatórios, de nada adiantaram desmentidos daqui ou dali, pois outros médiuns continuaram o serviço e ninguém conseguiu que parassem de ser realizados em todo o mundo, tanto nos Estados Unidos quanto na Europa.

Kate e Margaret faleceram na primeira década do século XX, triste e obscuramente. Mas ninguém em sã consciência pode dizer que os fenômenos testemunhados eram falsos e que o espiritismo começou por causa de duas bêbadas.

Seria uma desonestidade muito grande. Ou melhor, é, pois os detratores do espiritismo usam esses argumentos, sem que

William Crookes (1832-1919). O cientista inglês, ganhador do Prêmio Nobel de Química em 1907 e pesquisador de fenômenos espíritas, estudou os efeitos físicos que tinham as irmãs Fox como epicentro.

tenham coragem de contar toda a história. As irmãs Fox foram médiuns de fenômenos, que ocorreram e ocorrem na presença de muitos outros médiuns. E, finalmente, Allan Kardec não baseou a sua doutrina nas irmãs Fox, e sim em numerosos médiuns, que eram experimentados em todas as partes da Europa, principalmente.

Modelo de mesa utilizada para as sessões mediúnicas no século XIX, daí o nome de "mesas girantes".

Imagem publicada em 1853 em *L'Illustration Journal Universel* (revista francesa que circulou entre 1843 e 1944), mostra uma reunião social onde se procura obter o efeito mediúnico das mesas girantes.

Allan Kardec. Codificador do espiritismo

A OPINIÃO DOS ESTUDIOSOS

Muitos foram os investigadores que se propuseram a pesquisar os fenômenos espírita logo depois do surgimento público em Hydesville. O assunto saiu da camada popular e alcançou as universidades, pois as autoridades científicas eram praticamente convocadas a desmentir tais ocorrências, e elas, quando honestas, só o poderiam fazer se investigassem e chegassem a essa conclusão. Aconteceu o contrário, eles pesquisaram e encontraram-se diante de fatos passíveis de serem repetidos e medidos, nas circunstâncias em que eram produzidos.

Em 1852, foi apresentado ao Senado dos Estados Unidos um abaixo assinado com mais de 14 mil assinaturas, pedindo que uma comissão científica fosse nomeada para verificar os fenômenos mediúnicos, visto que eles passavam uma ideia religiosa, os grupos espíritas multiplicavam-se e os jornais estavam dando ênfase ao assunto. Com tudo isso, as igrejas e seitas religiosas estavam incomodadas, visto que seus postulados estavam sendo derrubados de modo humilhante pela ação de duas meninas. Os estudiosos de várias áreas de conhecimento começaram então a analisar o assunto.

A mais poderosa palavra que sobreveio em favor das ocorrências mediúnicas foi a do juiz John W. Edmonds, senador, que já tinha sido presidente do Senado Americano e juiz da Suprema Corte, juiz da Corte de Apelação, um homem dos mais considerados nos Estados Unidos, tanto pela sua probidade, quando pela sua perspicácia e inteligência. Ele publicou um trabalho, denominado *'Spiritualism"* (Nova York, 1853), sobre as pesquisas que fez, inicialmente com a ideia de demonstrar a falsidade dos fenômenos espíritas, mas chegou a conclusões diferentes, verificou que eles eram reais.

Robert Hare. Professor de Química da Universidade da Pensilvânia, inventor e cientista de renome em sua época, contribuiu muito com seus diversos trabalhos de pesquisas publicados nas principais revistas científicas. Muito incrédulo quanto às manifestações dos espíritos, converteu-se às novas realidades do Moderno Espiritualismo após judiciosas e meritórias investigações.

James Jay Mapes, químico agrônomo de renome, professor da *National Academy of Design,* de Nova York, presidente do Instituto de Mecânica e do Instituto Franklin, também de Nova York, vice-presidente do Instituto Americano e membro de várias sociedades científicas e culturais da América e da Europa, depois de questionar desdenhosamente os tais fenômenos espiritualistas, foi obrigado a reconhecer publicamente "que eles nada tinham de comum com o acaso, a fraude ou a ilusão".

O professor Robert Hare, que lecionava química há trinta anos na Universidade da Pensilvânia, inventor de renome, com mais de uma centena de trabalhos científicos publicados, interessou-se pelas "mesas girantes" em torno de 1853, e após dois anos de observação e pesquisa, publicou em 1855 a obra intitulada *Experimental investigation of the Spirit manifestations, demonstrating the existence of Spirits and their communion with mortals* (Partridge, Filadélfia, 1855). Ele instituiu uma série de experimentos para demonstrar que, na ausência de toda pressão aparente, apenas pelo toque dos dedos de um médium, havia a alteração de peso em muitas libras no seu instrumento de medição. Essas experiências foram, mais tarde, repetidas por William Crookes, em Londres, que as confirmou em tudo.

Robert Dale Owen, homem público e reformador social norte-americano, observou os fenômenos espíritas, aos quais chamava "fenômenos magneto-psicológicos" ou "pneumatológicos", e após severas observações, publicou as obras *Footfalls on the boundary of another world,* em 1860, e *The debatable land between this world and next,* em 1872.

Charles Richet, célebre fisiologista francês e criador da Metapsíquica, foi um dos que estudaram e verificaram a natureza dos fenômenos espíritas. Publicou o seu *Tratado de metapsíquica* em Paris, 1923. Os seus comentários merecem ser repetidos aqui para ilustrar a força que emanou das meninas Fox, movimentando o mundo para a discussão sobre a imortalidade da alma e a comunicabilidade dos espíritos. Disse ele:

Robert Dale Owen - Um conhecido homem público e reformador social, foi embaixador dos Estados Unidos na Itália e publicou dois importantes livros sobre os fenômenos psíquicos.

"Em 1847, Margaret Fox estava com quatorze anos e Katharine, onze. Será que essas meninas foram capazes de forjar uma fraude, que foi a causa de milhares de constestações durante três quarto de século? A realidade dos *raps* não depende das irmãs Fox. Em 1888, era demasiado tarde para elas se desdizerem e a sua retratação nada prova. É deplorável julgar que, no ano de 1849, a família Fox se entregava já a sessões remuneradas de exibições teatrais de fenômenos mediúnicos. Isso não diminui a veracidade dos fenômenos, assim como as patentes tiradas por Wells e Morton pelo emprego de éter não contradizem a realidade da anestesia."

Charles Richet. Médico e fisiologista francês, Prêmio Nobel de medicina em 1913, criador da Metapsíquica.

Mas, a mais judiciosa e importante declaração de Charles Richet coloca a figura de Allan Kardec em destaque entre os que estudaram e deram sentido à natureza dos fenômenos espíritas:

"É, sobretudo, ao senhor Hypollite Léon Denizard Rivail, doutor em ciências (1804 - 1869), conhecido professor francês, mundialmente conhecido com o pseudônimo de Allan Kardec, que se deve a teorização da doutrina que ele denominou espiritismo (*Le livre des esprits,* 1857, e *Le livre dos mediuns,* 1861). A teoria espírita de Allan Kardec é muito simples: 'Não há morte para a alma. Depois da morte, a alma torna-se um espírito, que pode manifestar-se por intermédio de certas pessoas especiais - os médiuns - capazes de perceber e reproduzir os pensamentos dos espíritos. O espírito também pode reencarnar-se, isto é, renascer no mundo. Todos os seres humanos, como já o pensava Pitágoras, passam por fases sucessivas migratórias. O seu perispírito ou corpo espiritual pode, em dadas circunstâncias, materializar-se. Os espíritos evoluídos conhecem o passado, o presente e o futuro. Algumas vezes se materializam e têm o poder de produzir efeitos físicos. Estamos rodeados de espíritos. Sob o ponto de vista moral, devemos deixar-nos guiar pelos bons espíritos, que nos encaminham os passos para o bem, e não deixar que os maus espíritos nos influenciem para o erro."

Após esse breve resumo da doutrina espírita, Richet deu sua opinião sobre a seriedade do trabalho de Allan Kardec:

"É necessário admirar sem reserva a energia intelectual de Allan Kardec. A experimentação foi a base de sua obra e sempre se apoiou nela, de modo que seu trabalho não é apenas uma teoria grandiosa e homogênea, mas, também, um imponente repositório de fatos. Desse modo, é Allan Kardec certamente o homem que, no período de 1857 a 1871, exerceu a mais intensa das influências, abrindo um vasto horizonte nas investigações das ciências psíquicas."

René Sudre, que escreveu o *Tratado de parapsicologia,* também deu seu parecer sobre aquele importante momento para a humanidade, no qual os espíritos manifestaram-se publicamente:

"Nos Estados Unidos, os 'milagres' das irmãs Fox, logo reproduzidos por outros médiuns, provocavam uma emoção enorme. Os 'espiritualistas' se reuniram, em 1852, numa convenção monstro, em Cleveland. Pediram ao Senado que nomeasse uma comissão científica de exame. Os jornais anunciaram 'uma revolução religiosa e social', uma nova era cosmogônica. O Juiz Edmonds, presidente do Senado, revelou-se médium e pregou a nova fé publicando o trabalho *Spiritualism* (1853) com a colaboração do senhor Dexter. Os fenômenos tornavam-se cada vez mais maravilhosos. Os espíritos se deixavam ver e até mesno daguerreotipar[15]. Os cientistas, porém, não queriam crer ão depressa em sua existência. O reverendo Mahan, primeiro presidente da Universidade de Cleveland, sustentou a tese do fluido magnético em seu livro *Modern mysteries explained and exposed* (1855). Robert Hare, professor da Universidade da Pensilvânia, publicou, em 1856, uma série de experimentos, mostrando que os objetos podiam aumentar de peso sob a ação da força dos espíritos, tudo isso apresentado em sua obra *Experimental investigation of the spirit manifestations,* adiantando-se, assim, aos trabalhos de William Crookes."

É necessário manter vivos nas mentes das pessoas aqueles acontecimentos históricos do nascimento de uma nova era, no qual foram de uma só vez contestados todos os dogmas mitológicos e medievais das igrejas cristãs vigentes: não havia um céu contemplativo, nem um inferno de chamas eternas, as almas dos mortos sobreexistiam à morte do corpo e podiam conviver e comunicar-se com os homens. Daí para a frente, os tempos mostraram que as igrejas só conseguem supremacia nas aparências sociais e naqueles países em que conseguem manter absoluta ignorância espiritual nos povos. As estatísticas mostram, por exemplo, que boa percentagem das pessoas mantém-se religiosa pelo significado da religião e não concorda com seus dogmas absurdos.

---

15 Daguerreótipo é um processo fotográfico, inventado por Louis-Jacques-Mandé Daguerre (1787-1851), usado amplamente na Europa entre 1840 e 1850.

Localização de Hydesville

Ao verificar num mapa atual dos Estados Unidos que a cidade de Rochester está situada no condado de Monroe, e não de Wayne, como está citado em todos os compêndios espíritas que trata do assunto, Victor Leonardo da Silva Chaves, escreveu-nos uma carta, da qual reproduzimos o texto que nos é útil aqui:

..."Consultando *The Hammond world atlas,* verifiquei que a cidade de Rochester fica no Condado de Monroe, Estado de Nova York. Decorrente dessa incoerência, escrevi para uma importante editora espírita que tem publicado livros de referência sobre a história do espiritismo, solicitando esclarecimento, enviando cópia do mapa que consultei. Os seus diretores responderam-me que o certo era como estava no livro por ela editado, pois era fruto de rigorosa pesquisa. Não conformado, escrevi para amigos nos Estados Unidos e eles confirmaram que a cidade de Rochester fica mesmo no Condado de Monroe, Estado de Nova York, e não no Condado de Wayne. Na primeira edição de seu livro *Ros-*

ma, o fantasma de Hydesville, p. 20, o Sr. menciona o condado de Rochester. Como o Sr. pesquisou o assunto, gostaria de um esclarecimento a respeito da localização verdadeira de Rochester (consequentemente de Hydesville), no Estado de Nova York. Para isso lhe envio anexo uma cópia do mapa do Estado de Nova York, do atlas acima mencionado." Rio de Janeiro, 10 de julho de 1996.

Assim que a carta do senhor Victor chegou (29/08/1996), foi-lhe imediatamente providenciada uma resposta:

"........ Quanto à questão exposta em sua carta, sobre a verdadeira localização de Hydesville, foi citado em meu livreto a literatura pertinente e acessível na época. Mas, diante da sua descoberta, é preciso que os dados sejam revistos com cuidado. Seguem algumas fontes com mais dados: Paul Gibier, em sua obra *O espiritismo (O faquirismo ocidental)*, 3ª ed. da FEB, baseado nas informações da americana Emma Hardinge (*History of modern American spiritualism*), diz o seguinte: 'Esta aldeia (Hydesville) está situada no condado de Wayne, circunscrição de Arcádia, nos Estados Unidos (Estado de Nova York).' (p. 34). Na página 39, Gibier anotou que a família Fox, fugindo das perseguições e dos exorcismos, refugiou-se em Rochester, que ficava no Estado de New York, sobre o canal Erié."

Para esclarecer melhor o assunto, foi sugerido ao Sr. Victor que a única maneira de obter certeza seria saber se no tempo em que ocorreram os fenômenos com a família Fox (1848), Monroe já existia como Condado. A essa sugestão, ele respondeu:

"........ O Sr. sugere uma hipótese, bem plausível, em que não pensara antes. Pela evidência dos dados históricos, é provável que em 1848 a localidade de Hydesville, próxima à cidade de Rochester, pertencesse, juntamente com essa cidade, ao Condado de Wayne. Talvez por um possível desmembramento desse Condado, viesse a fazer parte do atual Condado de Monroe. Caso semelhante ao ocorrido no Brasil com os Municípios de Uberaba e Uberlândia. Caso essa hipótese venha a ser comprovada, a localização deverá ser feita aproximadamente da seguinte maneira: ‘... na localidade de Hydesville, perto da cidade de Rochester, na época Condado de Wayne, hoje Monroe, Estado de New York (...)’.” Rio de Janeiro, 12 de setembro de 1996.

Providências foram tomadas para que nossos correspondentes nos Estados Unidos conseguissem mapas históricos da época das ocorrências espíritas de Hydesville. Por uma dessas ‘coincidências’, Judith Cucco, americana, de Nova Jersey, veio passar uns dias em Vitória conosco. Lembramo-nos de solicitar-lhe providências a respeito, assim que voltasse à sua terra. Ela não se fez de rogada, assim que lá chegou, fez as pesquisas pertinentes e enviou-nos mapas que mostram a existência do Condado de Monroe nos anos 1840-1860. Ficou evidente que Rochester pertence e sempre pertenceu ao Condado de Monroe, e não ao de Wayne. Imediatamente foram enviados os devidos esclarecimentos aos Sr. Victor Leonardo:

“..... Continuando a nossa pesquisa sobre a localização correta de Hydesville, acredito ter resolvido a questão e peço-lhe que publique esses resultados logo que possível.(...) Judith, em correspondência última, enviou-me fotocópias dos mapas obtidos no *Township atlas of the United States* (John L. Andriot, 1979, Andriot Associates, M. Lean VA) e no *Genealogical publishing Co., Onc.;* 1001 N. Calvert St., Baltimore, MD 21202, que demonstram com clareza que o verdadeiro endereço da cidade de Rochester era mesmo, desde antes de 1850, no condado de Monroe. Mas tudo o que se conseguiu verificar é que Rochester sempre foi do condado de Monroe, contudo, nenhuma notícia de Hydesville. O lugarejo Hydesville não é visto nem citado nos mapas. Não seria possível ainda citar um novo endereço, como o abaixo discriminado, havia necessidade de novas investigações. Onde teria sido localizada a aldeia Hydesville?

MAPA 1 - Região do Estado de Nova York em que fica a cidade de Rochester, no Condado de Monroe. A oeste, o Condado de Wayne, onde fica o distrito de Newark (antiga Arcádia)

Novos esclarecimentos

Um casal de confrades interessados em esclarecer a questão, João Alfredo de Araújo, químico, e sua esposa Maria Lúcia Campos de Araújo, acompanhado de outro casal, vasculharam a aquela área do Estado de Nova York, até que conseguiram identificar o local exato de Hydesville, próximo da cidade de Newark, em Arcadia, no condado de Wayne. Eis o relato deles:

"Ao chegarmos a Syracusa, em janeiro de 1988, fomos recebidos pelos companheiros Luciano e Cristina e que, por uma "coincidência" do destino, são espíritas como nós. Desde então começamos a realizar os nossos estudos do "Evangelho no lar", enriquecido também com os companheiros João e Mara, que vieram também do Brasil. Numa dessas reuniões, resolvemos realizar uma visita à cidade de Lily Dale, que é conhecida pelos seus moradores como o principal centro mundial do Espiritismo.

Não conseguindo, de imediato ir até Lily Dale, resolvemos ir a Hydesville, onde se deram os acontecimentos espíritas com a família Fox. Ao começarmos a viagem não conseguíamos achar o lugarejo. Não havia mapa que mostrasse a localização de Hydesville. Como havia referências que Hydesville ficava nas proximidades da cidade de Rochester, fomos até lá, uma das grandes cidades do Estado de Nova York.

Fazenda do senhor Hyde

Este quadro é uma pintura da época em que a família Fox residia em Hydesville. Era o local da fazenda do senhor Hyde que, tempos depois passou-se a chamar Hydesville . Havia poucas casas, apenas as dos fazendeiros. a cabana dos Fox ficava justamente na encruzilhada das estradas vicinais, uma delas hoje, por sinal, chamasse Hydesville, como mostra uma das fotos aqui expostas.

Já em Rochester, procuramos localizar Hydesville, até que um cidadão, sem saber dizer onde ficava, sugeriu que procurássemos na Biblioteca Pública. Ali encontramos referência a Hydesville, não ficava nem próximo de Rochester, estava localizada na cidade de Newark (antigamente conhecida como Arcádia), no condado vizinho, o de Wayne (Veja mapa ao lado). Também encontramos várias referências ao caso da família Fox, todas catalogadas na Biblioteca Municipal de Rochester.

Partimos em busca de Hydesville. Na cidade de Newark não havia referência a Hydesville, nem coisa alguma sobre a casa dos Fox. Perguntamos a muitas pessoas, até que dois jovens nos ensinaram onde encontrar a casa dos Fox. Seguindo as informações, chegamos à Hydesville, numa rua (uma pequena estrada) em Newark. Encontramos a casa, completamente abandonada, em nada parecida com um museu. Seu estado era precário, suas paredes queimadas por um incêndio muito antigo. Em frente da casa, uma única referência: uma lápide com os dizeres identificatórios.

Fomos até à Biblioteca Pública de Newark, para conseguirmos mais dados, visto que, mediante os fatos ali ocorridos, a população e as autoridades não haviam levado nada em consideração. Conseguimos ali muitas cópias de documentos sobre os fenômenos espíritas de Hydesville (hoje essas cópias foram repassadas ao acervo do CIPES).

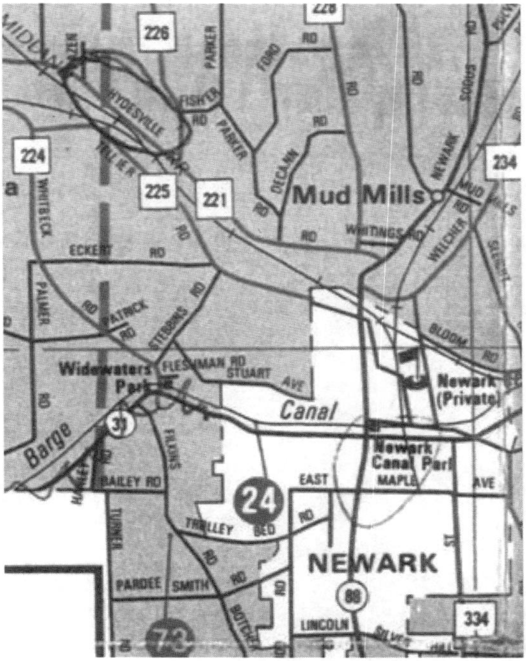

MAPA 2 - Este mapa mostra o local de Hydesville, hoje pequena estrada, onde era a fazenda do senhor Hyde, a 5 milhas do centro de Newark (antiga Arcádia), no Condado de Wayne (25 milhas a leste de Rochester). Eis aí a verdadeira localização da casa da família Fox, no tempo dos "raps", em 1848.

Conclusão

Estimado leitor, se pensa que esses fatos são novos para a humanidade, verifique os livros sagrados de todos os povos e verá que não há nenhuma novidade, a não ser a confirmação dos chamados fatos espíritas. Na própria Bíblia estão narrados muitíssimos casos de aparições, levitações e outros fenômenos mediúnicos. Por acaso a voz que ordenou a Abraão: "Sai-te da tua terra, e da tua parentela, e da casa de teu pai, para a terra que eu te mostrarei", em Gênesis 12:1, não seria uma orientação espiritual à mediunidade auditiva de Abraão?

Quanto às aparições, além de voz espiritual, apareceram três anjos (espíritos mensageiros) para Abraão: "E levantou os olhos e viu três varões que estavam de pé junto a ele." Gênesis 18:1.

Jacob passou o vau de Jaboque e lutou com um anjo até de madrugada e passou, por isso, a chamar-se Israel, pois como príncipe havia lutado com Deus e com os homens e prevaleceu, como se lê em Gênesis 33:22-32.

Saul consultou uma médium em En-Dor e, por intermédio dela, conversou com o espírito Samuel, que, inclusive, previu sua morte. (I Samuel 28:1-25).

Uma mão misteriosa apareceu em pleno banquete do rei Belsazar e escreveu na parede: Mene, Mene, Tequel, Ufarsim, para espanto de todos. Era a profecia da destruição de Babilônia. (Deuteronômio 5:1-31)

No Novo Testamento, o Anjo Gabriel (Homem de Deus), apareceu para Zacarias no Templo e anunciou que ele seria pai de João Batista (Lucas 1:11-20) e depois apareceu a Maria de Nazareth e anunciou o nascimento de Jesus. (Lucas 1:26-35)

Em Atos dos Apóstolos, eles são tirados da prisão e dão testemunho perante o Sinédrio, pois um anjo do Senhor abriu as portas da prisão e, tirando-os para fora, disse: "ide e apresentai-vos no Templo e dizei ao povo todas as palavras desta vida." (Atos dos apóstolos 5:17-20)

Ainda em Atos, um espírito livrou Pedro da prisão, libertando-o de suas cadeias e deixando-o livre, em plena rua. (Atos dos Apóstolos 12:7-9).

É bom lembrar que a palavra *Anjo* (do grego *aggelos;* do latim *angelus* = mensageiro, mais no sentido de espírito mensageiro, intérprete da vontade de Deus), é a tradução da palavra hebraica *melach,* que também quer dizer *mensageiro.*

A vida de Jesus foi uma constante comunhão com o mundo invisível. Ele conversava com os espíritos e estes, muitas vezes, tornavam-se visíveis ao seu lado. Seus discípulos, assombrados, viram-no conversando, no Monte Tabor, com os espíritos Elias e Moisés.

Santo Agostinho, um dos pais da Igreja, é muito afirmativo em suas experiências com a visita dos espíritos. Em *Confissões,* quando alude aos infrutíferos esforços empregados para deixar a vida desregrada que levava, conta que num momento que orava, ouviu subitamente uma voz que repetidas vezes dizia: "Tolle, lege! (Toma, lê!). Era uma determinação espiritual para que lesse as Escrituras. Mais tarde, em seu trabalho *De cura pro mortuis geranda* (ou *O cuidado devido aos mortos,* Ed. Beneditina t. VI col. 527) ele escreveu:

"Os espíritos dos mortos podem ser enviados aos vivos, podem desvendar-lhes o futuro, cujo conhecimento adquiriram, que por outros espíritos, quer pelos anjos, quer por uma revelação divina."

A história atesta, como anotou Léon Denis, a presença dos espíritos dentro e fora da Igreja. As vozes que falavam a Joana D'Arc, os gênios familiares de Tasso e de Jerônimo Cardan, os fenômenos macabros da Idade Média, produzidos por espíritos de categoria inferior; os convulsionários de Saint-Medard, os pequenos profetas inspirados de Cavennes, Swedenborg e sua escola espiritualista. Mil e outros fatos ainda formam uma grande cadeia de eventos mediúnicos, com manifestações na mais remota Antiguidade, nos conduz ao moderno espiritualismo e logo em seguida ao espiritismo, propriamente dito.

ARQUIVO FOTOGRÁFICO

O casal Fox: John e Margaret

Fotografia da cabana dos Fox. Publicada pela "Spiritualist Association of Great Britain com a legenda "*The Cradle of Spiritualism*", quando da comemoração dos "Cem anos do nascimento do Moderno Espiritualismo". (Stemman, 1972).

A cabana da família Fox. Esta foto acima foi tomada em 1850. As pessoas que estão na soleira da porta são visitantes. Milhares de romarias foram ali, vindas de todas as partes do país para ouvir os misteriosos "raps".

A cabana da família Fox quando estava situada ainda no próprio local onde nasceu o Moderno Espiritualismo

Marco que existia no lado da réplica da cabana da família Fox, em Hydesville, quando ela ainda existia em 1989. Essa lápide desapareceu, bem como a própria cabana.

Uma foto de João Alfredo, em 1989, antes da demolição da réplica da casa da família Fox, construída no seu antigo e original local em Hydesville, 5 milhas a noroeste do centro de Newark. O seu estado de conservação já era muito precário, mesmo sendo a réplica.

Encruzilhada da estrada, hoje chamada Hydesville, que passa onde era a antiga fazenda do senhor Hyde, fora de Newark. Uma foto de João Alfredo,em 1989, antes da réplica da cabana dos Fox ser demolida por motivos de segurança.

A localização da antiga réplica da cabana Fox, segundo o Google Maps.

Estrada de Hydesville

Local onde ficava a réplica da casa da família Fox. A cabana foi destruída em 1990, por motivos de segurança. Esta é uma foto tirada por João Alfredo em 1991, em sua segunda viagem ao local.

Pela mediunidade de Miss Flo Cottrel, os "raps", que em 1848 chamaram a atenção do mundo para os fenômenos psíquicos, puderam ainda serem ouvidos na cabana Fox. A cabana, que foi o lar de Katy e Margaret Fox, foi removida de Hydesville para Lyle Dale e, desde então, tem sido um retiro de verão, como um lar do "médium provocador de raps (rapping)", até que houve um outro incêndio e a destruiu completamente, permanecendo apenas o "Memorial".

A cabana dos Fox em Lily Dale

A foto acima mostra a cabana dos Fox em Lily Dale como ela poderia ser vista hoje se ainda existisse. Sofreu um segundo incêndio e foi demolida completamente. Na porta estào dois visitantes para inspeção. Durante 30 anos, foi assim em Lily Dale, muitos visitantes e representantes de jornais e revistas, que queriam ouvir os "raps".

Fox Cottage Memorial

Fox Cottage Memorial (detalhe)

"Quem morou nesta cabana no tempo de Margaret e Kate Fox, com 9 e 11 anos, respectivamente, receberam as primeiras provas da continuidade da vida. Foi quando nasceu o Moderno Espiritualismo. 31 de março de 1848. Esta cabana foi adquirida e removida de Hydesville, NY, do seu local original para Lily Dale, NY, em maio de 1916, pelo senhor Benjamin F. Bartlett."

O museu em Lily Dale

Painel sobre a família Fox no Museu de Lily Dale,onde se vê uma maquete da cabana dos Fox. Foto: João Alfredo.

HYDESVILLE[16]

Nas telas sucessivas da verdade,
Brilharás como estrela para os povos
Na alegria recôndita que invade
A existência ideal dos homens novos!

Todo o roteiro espírita cristão
Algo de teu caminho nos descerra;
Concha acústica da Revelação,
Teus raps *ecoaram pela Terra!*

Contigo, um lar humilde e ignorado
Trouxe o verbo do Além, sereno e forte,
Revelando às Nações, em grande brado,
Para a glória da vida que há na morte!

Três jovens médiuns contra os preconceitos
Venceram emboscadas e sofismas,
Mostrando aos olhos cegos e imperfeitos

16 Poema recebido pelo médium Waldo Vieira no dia 7 de novembro de 1960, na Comunhão Espírita Cristã, Uberaba, MG.

Lições da Antiguidade noutros prismas.

Fulguras como excelsa encruzilhada
Aos destinos humanos sofredores,
E és ainda a baliza iluminada
Por doce lenitivo às nossas dores.

Hydesville! Saudamo-te de pé,
Na luta contra as sombras do ateísmo!
Recordas a Belém de nossa fé,
Manjedoura feliz do Espiritismo!

Leôncio Correia

GLOSSÁRIO

1 - **Animismo:** estudo dos fenômenos psíquicos produzidos pelo espírito do próprio médium; poderes psíquicos da alma, que é um espírito encarnado que, no estado de emancipação, pode produzir os fenômenos ditos mediúnicos.

2 - **Anjo:** (Do grego *aggelos*) Espírito superior. A doutrina nega a existência dos anjos no sentido de que sejam seres espirituais especiais criados em perpétua contemplação divina e perfeitos. São apenas espíritos. Nos dizeres de Allan Kardec são "mensageiros de Deus encarregados de velar, no Universo, pela execução de seus desígnios".

3 - **Aparição:** Ato do aparecimentos de um espírito, encarnado ou desencarnado; se encarnado poderá ser em estado de vigília ou em sonho; se desencarnado, em sonho ou em estado de corporificação ectoplasmática. Os videntes podem ver os espíritos.

4 - **Escrita ectoplasmática:** Quando uma mão materializada de um Espírito escreve numa folha de papel sem o concurso da mão de um médium.

5 - **Espírita:** Que tem relação com o espiritismo; partidário do espiritismo, aquele que crê e pratica o espiritismo.

6 - **Espiritismo:** doutrina fundada sobre a crença na existência dos espíritos e nas suas manifestações no mundo corpóreo, observadas sob cuidados experimentais.

7 - **Espíritos:** os seres inteligentes que povoam o Universo.

8 - **Espírito batedor:** qualidade de certos espíritos. São os que revelam sua presença por pancadas e ruídos de diferentes espécies. *Poltergeist.* Quando dão mensagens tiptológicas devem ser chamados de espírito *tiptor.*

9 - **Espiritualismo:** Sentido oposto do materialismo. Crença na existência da alma espiritual e imaterial. O espiritualismo é o fundamento de todas as religiões.

10 - **Fantasma:** espírito desencarnado que se manifesta. Aparição espírita.

11 - **Levitação:** fenômeno medianímico de suspensão dos corpos apesar da lei da gravidade.

12 - **Médium:** (Do latim *medium:* meio, intermediário) Pessoa que pode servir de medianeira entre os espíritos e os homens.

13 - **Mediunidade:** faculdade dos médiuns.

14 - **Pé-rachado:** (pé-de-cabra) Nome que as irmãs Fox davam inicialmente aos espíritos que se manifestavam, pois pensavam que eram provocados pelo Diabo da mitologia cristã.

15 - **Rap:** Golpe, batida, ruídos provocados por espíritos que se utilizam da energia psíquica de algum médium.

16 - **Sematologia:** (Do grego *semá* = sinal; *logos* = discurso) Linguagem dos sinais. Comunicação dos espíritos por meio de sinais, utilizando-se a movimentação de objetos (telecinesia).

17 - **Tiptologia**: Linguagem por meio de pancadas convencionais referentes às letras e números.

BIBLIOGRAFIA

BÍBLIA (A). Tradução de João Ferreira da Almeida. 7ª imp. Rio de Janeiro: Imprensa Bíblica Brasileira, 1953.

CROOKES, William. *Fatos Espíritas*. 6ª ed. Rio de Janeiro: FEB, 1971.

DELANNE, Gabriel. *O Fenômeno Espírita*. Tradução de Ewerton Quadros. 3ª ed. Rio de Janeiro: FEB, 1977.

DENIS, Léon. *Cristianismo e Espiritismo*. Tradução de Leopoldo Cirne. Rio de Janeiro: FEB, 1971.

______ - *Joana D'Arc Médium*. Tradução de Guillon Ribeiro. 8ª ed. Rio de Janeiro: FEB, 1975.

DOYLE, Arthur Conan. *História do Espiritismo*. Tradução de Júlio Abreu Filho. São Paulo: Pensamento, 1978.

GIBIER, Paul. *O Espiritismo*: Faquirismo Ocidental (1886). Tradução brasileira. 3ª ed. Rio de Janeiro: FEB, 1980.

IMBASSAHY, Carlos. *O Espiritismo à luz dos fatos.* Rio de Janeiro: FEB, 1952.

KARDEC, Allan. *O Livro dos Espíritos* (1857). Tradução de Salvador Gentile. 96ª ed. Araras: IDE. 1995.

______. *O Livro dos Médiuns* (1861). Tradução de Guillon Ribeiro. 34ª ed. Rio de Janeiro: FEB. 1976.

PALHANO JR., Lamartine - *Experimentações Mediúnicas.* 1ª ed. Rio de Janeiro: CELD, 1996.

RICHET, Charles. *A Grande Esperança.* 2ª ed. São Paulo: LAKE, 1976.

______. *Traité de Métapsychique.* Paris: Félix Alcan, 1922.

STERMMAN, Roy. *One Hundred Years of spiritualism*: the story of the Spiritualist Association of Great Britain.1872-1972. London: A.S.G.B., 1972.

SUDRE, René - *Tratado de Parapsicologia* (1956). Tradução de Constantino Paleólego. 2ª ed. Rio de Janeiro: Zahar, 1976.

TEIXEIRA DE PAULA, João. *Enciclopédia de Parapsicologia, Metapsíquica e Espiritismo.* 2ª ed. São Paulo: Cultural Brasil Editora. Vol. I, II, III e IV; 1972.

WANTUIL, Zêus. *As Mesas Girantes e o Espiritismo.* 1ª ed. Rio de Janeiro: FEB, 1958.

WANTUIL, Zêus; THIESEN, Francisco. *Allan Kardec. Vol.* I, II, e III. 1ª ed. Rio de Janeiro: FEB, 1980

QUIZ

Se você conseguir responder a todas as questões abaixo, pode estar certo de que, realmente, é um bom leitor e aprendeu a verdadeira finalidade dos acontecimentos de Hydesville. Caso você queira aprofundar-se mais nesse assunto, leia as obras indicadas na bibliografia, além das obras básicas da codificação de Allan Kardec.

1 - Quem foi Charles Bryan Rosma?

2 - Por que a família Fox tornou-se conhecida?

3 - Que tipo de fenômeno ocorria na residência dos Fox?

4 - Como se chamavam as irmãs Fox?

5 - O que é um "espírito batedor"?

6 - Cite alguns nomes de pessoas famosas que investigaram os fenômenos obtidos na presença das irmãs Fox?

7 - O que são os "raps", a tiptologia e a sematologia?

8 - Que eram as "mesas girantes"?

9 - Qual a importância dos acontecimentos de 31 de março de 1848, em Hydesville?

10 - Como foi o movimento que redundou no que se chamou "Moderno Espiritualismo"?

11 - Quem foi Allan Kardec?

Esta edição foi impressa em novembro de
2013 pela Sermograf Artes Gráfica e Editora
Ltda., Petrópolis, RJ, sendo tiradas quinze
mil cópias, todas em formato fechado
140x210mm e com mancha de 113x175mm.
Os papéis utilizados foram o Off-set 63g/
m2 para o miolo e o Cartão Supremo Triplex
250g/m2 para a capa. O texto foi composto
em Utopia 11/12,65, os títulos foram
compostos Cooperplate 30/36 e as notas,
em Times 9/10,8. A diagramação de miolo
foi elaborada por Fernando Luiz Fabris e a
programação visual da capa foi elaborada por
Cesar França de Oliveira com ilustração de
Rita Foelker.